Gevangen door een angststoornis

Gevangen door een angststoornis

Jeannette Hachmang

Schrijver: Jeannette Hachmang
Coverontwerp: Jeannette Hachmang
ISBN: 978-90-829928-6-1

Voorwoord

In 2013 kreeg ik te horen dat ik een angststoornis heb. Sinds die tijd heb ik allerlei therapieën gevolgd en na vijf lange jaren was ik uitbehandeld. Beter dan het nu is zal het niet worden. Ik zal er mee moeten leren leven.

Maar wat is nou eigenlijk een angststoornis? Zelfs na al de jaren die ik heb doorgemaakt met deze stoornis is het nog steeds moeilijk om uit te leggen. Je kunt vertellen wat het met je doet, dus hoe het voelt als je een angstaanval hebt. Je kunt ook vertellen wat de definitie van een angststoornis is. Het is heel moeilijk om aan iemand, die niet doormaakt wat jij doormaakt, uit te leggen hoe het is om met een angststoornis te leven.

Een tijdje terug sprak ik een medewerker van het UWV. Ook nu probeerde ik uit te leggen wat het is om met een angststoornis te leven. Toen, tijdens dit gesprek, mijn voorliefde voor schrijven ter sprake kwam vroeg de medewerker mij of ik mijn ervaringen op papier wilde gaan zetten. Terwijl ik nadacht over dit voorstel bedacht ik me dat ik genoeg redenen heb om mijn verhaal met de buitenwereld te delen.

Het leven met een angststoornis zorgt ervoor dat je wereld heel erg klein wordt. De normale dagelijkse bezigheden kunnen een obstakel worden en er is veel onbegrip vanuit de omgeving. Je ziet namelijk niets aan het uiterlijk van de persoon met de angststoornis. Iemand met een angststoornis kan zich daardoor heel eenzaam voelen. Het gevoel van onmacht over de situatie, het gevoel van falen omdat je je niet staande kunt houden en het gevoel dat je niet meer op je lichaam en geest kunt vertrouwen, het zijn overweldigende gevoelens waarin ik mij heel lang alleen heb gevoeld.

Een andere reden om mijn verhaal te vertellen is de hoop om meer begrip te krijgen voor mensen met een angststoornis. Het is heel begrijpelijk dat mensen, die omgaan met iemand met een angststoornis, niet in kunnen schatten hoe zo iemand zich voelt in een bepaalde situatie.

Mensen bedoelen het goed, maar slaan de plank vaak mis in hun adviezen. Zo kreeg ik vaak vanuit mijn omgeving het advies om 'door te zetten', om te doen alsof de angststoornis er niet is. Deze mensen weten niet dat ik, juist door altijd maar door te zetten, steeds over de grenzen van wat ik aankon ging. Het 'doorzetten' is een van de redenen waarom ik een angststoornis heb gekregen.

Een angststoornis is, hoewel er overeenkomsten zijn, een persoonlijke kwestie. Ieder mens is anders, heeft een andere persoonlijkheid en andere sterke en zwakke kanten. Er zijn ook verschillende vormen van angststoornissen. Deze zal ik, voor ik aan mijn eigen verhaal begin, kort omschrijven.

De therapieën, die worden toegepast, zijn ook verschillend. Zoals ik al zei is een angststoornis afhankelijk van degene die hieraan leidt. Ik zal hier niet specifiek op in gaan, tenzij het belangrijk is voor mijn verhaal.

Ik hoop dat diegenen die dit lezen iets uit mijn ervaringen mee kunnen nemen. Een stukje herkenning voor de mensen met deze stoornis of een stukje begrip van iemand uit de omgeving, dan heb ik met mijn verhaal mijn doel bereikt.

Tegen diegenen die met deze stoornis kampen wil ik zeggen: "Je bent niet alleen. Ik vecht iedere dag dit gevecht en ik weet hoe moeilijk het is".

Jeannette Hachmang

1 Korte omschrijving van angststoornissen

Angst is een natuurlijke reactie van ons lichaam. Angst is, in bepaalde situaties, nuttig, want het maakt ons lichaam klaar om te reageren op bedreigende of gevaarlijke situaties.
Als we angst gaan ervaren als er geen reden is om angstig te zijn of wanneer er een overmatige angstreactie is op een niet al te bedreigende situatie, dan noemen we dit een angststoornis.

Angststoornissen zijn onder te verdelen in 4 verschillende categorieën; de paniekstoornis, de sociale fobie, de specifieke fobie en de gegeneraliseerde angststoornis.

De paniekstoornis
Ieder mens heeft wel eens, in meerdere of mindere mate, een paniekaanval gehad. Je krijgt hartkloppingen, gaat hyperventileren, krijgt een droge mond en voelt je bibberig. Op het moment dat de reden voor deze reactie verdwijnt, verdwijnen ook deze reacties van je lichaam. Bij sommige mensen komt dit veel vaker voor en kunnen de reacties veel heftiger zijn. Deze mensen hebben een paniekstoornis.

De sociale fobie
Bij een sociale fobie heeft iemand de angst om bekritiseerd te worden door de omgeving. Iemand met deze fobie is bang om belachelijk gevonden te worden of om veroordeeld te worden door anderen.

De specifieke fobie

Bij deze angststoornis is er een specifieke reden voor de angst,
maar de angst is heel heftig. Je kunt hierbij denken aan vliegangst,
angst voor onweer, angst voor een bepaald voorwerp, etc.

De gegeneraliseerde angststoornis (GAS)

Bij de gegeneraliseerde angststoornis is de oorzaak van de angst
minder specifiek dan bij de andere angststoornissen. De oorzaak
van deze stoornis wordt vaak niet gevonden.

Wel is bekend dat de oorzaak:
- erfelijk kan zijn,
- kan voortkomen uit de opvoeding of ervaringen in de jeugd,
- door karakter of persoonlijkheid kan ontstaan,
- door langdurige stress kan ontstaan,
- door ingrijpende gebeurtenissen kan ontstaan,
- of door disfunctie in de hersenen kan ontstaan.

Om een GAS-diagnose te kunnen stellen is er, voor de
hulpverleners, vastgesteld dat er minimaal drie verschillende
symptomen moeten voorkomen bij deze stoornis. Deze symptomen
zijn:
- rusteloosheid,
- vermoeidheid,
- concentratie problemen,
- prikkelbaarheid,
- verhoogde spierspanning
- en slaapproblemen.

Voor deze vorm van de angststoornis is vooral kenmerkend dat het
gevoel van onrust continue aanwezig is.

Een angststoornis wordt ook wel eens vergeleken met een burn-
out. Hoewel er veel raakvlakken zijn, is dit toch een andere
aandoening.

Ik heb de diagnose van een gegeneraliseerde angststoornis
gekregen. Bij mij is er dagelijks een gevoel van 'onrust' aanwezig.
Ik heb het woord onrust tussen aanhalingstekens gezet, omdat dit
de beste omschrijving is voor het gevoel. Het is echter een veel
breder gevoel. Als ik het moet omschrijven is het meer een gevoel
van hyper-alert-zijn of misschien het gevoel dat je niet stevig op je
voeten staat, dus wanneer iemand je alleen al aanraakt je denkt dat
je omvalt.

"Aanvallen", de momenten dat het ernstigere vormen aanneemt,
kunnen op ieder moment, vaak zonder duidelijke aanleiding,
voorkomen. Bij de andere angststoornissen is er vaak een
duidelijke aanleiding voor de verergering, maar er zijn voorbeelden
waarbij de aanleiding zo ver in het verleden ligt dat dit slecht vast te
stellen is.

Er zijn veel overeenkomsten tussen de gegeneraliseerde
angststoornis en de andere angststoornissen. De paniekaanvallen
zijn dezelfde als de aanvallen die ik heb. Bij mij duren ze alleen
veel langer en zijn in milde mate continue aanwezig. Grote groepen
mensen kunnen ook een aanval uitlokken bij mij, dus de sociale
fobie zou ook op mij van toepassing kunnen zijn. De achterliggende
reden is niet om bekritiseerd te worden, maar het hyper-alerte
gevoel is in een grote groep moeilijk te controleren. Door het gevoel
van onbalans zoals ik omschreef, het gevoel om zo om te kunnen
vallen, heeft er ook toe geleid dat ik niet graag naar buiten ga. Vaak
heb ik het gevoel dat de grond onder mij weg zakt als ik naar buiten
ga. De specifieke fobie zou hierin ook kunnen passen.

2 Het begin

In maart 2012 werd ik gebeld door mijn huisarts. Een week of twee daarvoor was ik bij hem geweest om een plekje op mijn huid weg te laten halen. Mijn huisarts had mij verzekerd dat het waarschijnlijk niets was, maar voor alle zekerheid zou hij het toch doorsturen naar het laboratorium. De uitslag was niet goed, ik had een melanoom, de meest agressieve vorm van huidkanker die zich razendsnel door het lichaam kan verspreiden.

Mijn wereld stortte in. Een jaar voor dit bericht was ik, door een reorganisatie, mijn baan kwijt geraakt en nog daarvoor werd mij verteld dat ik niet meer mocht sporten omdat mijn knie versleten was. Alle dingen die ik graag deed, werken en mijn sport, het was weg…en nu dit.

Op het moment van het bericht was ik alleen thuis, dus kon ik het even laten bezinken. Maar daarna belde ik mijn gezin en vertelde hen het nieuws. Die middag zaten we aan onze keukentafel. Ik vroeg mijn kinderen en (toenmalige) man om dit zoveel mogelijk stil te houden. Ik ben zo iemand die niet graag wil dat mensen mij anders gaan behandelen en aan medelijden had ik op dat moment al helemaal geen behoefte. Ik moest dit gevecht aan gaan en dat kon ik alleen als ik me op mezelf kon concentreren.

De week erna werd ik, onder plaatselijke verdoving, geopereerd. Er werd een flink stuk uit mijn bovenarm gesneden en na de ingreep mocht ik gelijk weer naar huis.

Het leven ging gewoon door en terwijl ik wachtte op de uitslag van de operatie deed ik alles wat ik normaal ook deed.

Niemand had in de gaten wat er in mij omging en wat er was gebeurd. Ik ging gewoon naar mijn opleiding voor natuurgeneeskundig therapeute, hoewel ik door de operatie een paar weken het gevoel in mijn vingers van mijn linkerarm kwijt was. Ik wist het allemaal te verdoezelen.

Toen eindelijk de uitslag binnenkwam en ik wist dat er geen uitzaaiingen waren, ging ik me meer ontspannen. Maar daar was eigenlijk geen tijd voor. Ik moest verder gecontroleerd worden. Ik ging hiervoor naar een dermatoloog die gespecialiseerd is in huidkanker. Deze arts stelde al snel vast dat ik ook een andere vorm van huidkanker had. Ik had ook basaal-cel-carcinomen. Deze vorm van huidkanker is niet dodelijk, maar moet wel behandeld worden. Ik besloot om deze carcinomen weg te laten snijden.

Op een dag in augustus 2012 had ik weer een afspraak in het ziekenhuis. Die dag zouden twee basaal-cel-carcinomen verwijderd worden, één op mijn hand en één op mijn rug.

Tijdens de ingreep op mijn hand, waarbij ik nog mocht zitten, begon ik me naar te voelen. Het zweet stond op mijn rug en gezicht, ik voelde me zweverig en was misselijk. Ik kreeg wat suikerwater te drinken, maar het gevoel bleef. Ondertussen probeerde de aanwezige verpleegkundige me af te leiden, maar ook dat hielp niet. Het gevoel verdween ook niet toen de wond gehecht was en ik mocht gaan liggen voor de ingreep op mijn rug.

Mijn verwachting was dat het nare gevoel zou verdwijnen zodra ik op de behandeltafel zou liggen, maar niets was minder waar.

Nu moet ik even uitleggen dat mijn arts tijdens de ingreep vrijwel niets zei. Hij legde niet uit waar hij mee bezig was en ik kon natuurlijk niet zien wat hij aan het doen was op mijn rug. Hij verdoofde de plek en het carcinoom werd verwijderd. Ik voelde wel dat hij bezig was, maar ik had geen pijn. Toch voelde ik me nog steeds naar en ik beet op mijn tanden om het vol te houden.

Het hechten van de wond was geen gemakkelijke klus, omdat het carcinoom op mijn ruggengraat zat. Op die plek zit de huid heel strak, dus moest de arts de draad door de wond steken, dan de draad wat optillen en heen en weer schudden zodat de randen van de wond dichter bij elkaar komen. Door deze beweging lag ik, voor mijn gevoel, heen en weer te schudden op de behandeltafel en werd het nare gevoel heftiger. Gelukkig kon niemand zien dat de tranen over mijn wangen liepen en ik wel had kunnen gillen van frustratie over deze situatie.

Na wat voor mijn gevoel een uur leek, maar misschien een kwartiertje heeft geduurd, zei de arts dat het klaar was. Ik slaakte een zucht van verlichting. Maar ik had te vroeg gejuicht, het waren de onderhuidse hechtingen die klaar waren, het echte werk moest nog gebeuren. Op dat moment sloeg het 'nare gevoel' om in iets waar ik geen verdediging meer tegen had.

Het 'nare gevoel' sloeg om in een doodsangst die ik nooit meer zal vergeten. Mijn hart ging tekeer, sloeg over en begon dan weer hard en snel te bonzen. Ik kon geen adem meer krijgen en ik voelde steken in mijn borst. Mijn tranen kon je niet meer zien, want ik zweette op dat moment zo erg dat mijn hele gezicht en lijf nat was. Al mijn spieren in mijn lijf waren zo strak gespannen dat het zeer deed en ik kon me niet meer bewegen. De wereld draaide om mij heen en ik kon mijn ogen niet meer op een punt richten.

Het duurde nog een hele tijd voor ik erachter kwam wat ik op dat moment meemaakte. Zelf dacht ik echt dat ik een hartaanval doormaakte en op ieder moment dood kon gaan al schuddend op de behandeltafel terwijl de arts mijn wond verder hechtte.

Ik weet niets meer van wat er verder in die behandelkamer gebeurd is. Hoe ik van die tafel af ben gekomen en mijn kleren weer heb aan gekregen. Ik weet alleen nog dat ik weg wou en wel zo snel mogelijk. Mijn toenmalige man loodste mij uit de kamer en naar beneden, waar hij voorstelde om even iets te drinken bij de kiosk in het ziekenhuis. Ik ging zitten terwijl hij iets te drinken ging halen, maar het gevoel, de doodsangst, was nog steeds vol aanwezig. Ik kon het niet volhouden en liep naar buiten. Het gevoel bleef, ook tijdens de reis naar huis en zelfs thuis had ik dat gevoel nog de hele dag. Ik had mijn eerste echte angstaanval!

3 Na de eerste angstaanval

Na die eerste angstaanval veranderde mijn leven dramatisch.
Terwijl ik herstelde van de operatie voelde ik me steeds vaker
'naar'. Als ik met onze honden ging lopen moest ik soms
stilstaan omdat mijn hart begon te bonzen. Ik kon eigenlijk
niet meer naar buiten gaan zonder alle gevoelens te krijgen
die ik ook tijdens de operatie had gehad.

Ik was vaak nachten lang wakker, omdat ik steeds aanvallen
kreeg als ik naar bed ging. Ik kon me gewoon niet meer
ontspannen en ijsbeerde dan de hele nacht door de
woonkamer. Toch ging ik gewoon naar mijn opleiding en
paste ik op mijn kleindochter, maar inwendig voelde ik me
ellendig. En het werd alleen maar erger. Ik kon niet naar
afspraken met het UWV, want als ik op weg ging in de auto
draaide de wereld om me heen en draaide ik om, om weer
ons huis in te vluchtten zodat ik me weer beter ging voelen.

Het escaleerde toen ik een dag moest oppassen op mijn
kleinkind. Ik voelde me altijd beter als zij bij mij was, maar ik
had al dagen een snelle hartslag, spierpijn door de
spierspanning die veel te hoog was en de wereld draaide om
me heen. Het gevoel was zo heftig, dat ik mijn toenmalige
echtgenoot belde en hem vertelde dat ik dacht dat ik een
hartaanval had. Hij kwam meteen naar huis en belde de
huisarts. Ik had op dat moment een hoge hartslag, trilde over
mijn hele lijf en kon me op niets concentreren. De huisarts,
die mij al jaren kende, zag al snel wat er aan de hand was en
gaf mij een injectie met valium.

De huisarts vertelde me dat ik de volgende dag naar zijn
spreekuur moest komen voor een hartfilmpje en een gesprek
met hem. Hij zei dat er waarschijnlijk niets met mijn hart aan
de hand was, maar dat we wel iets moesten doen aan deze
aanvallen. Hij had door dat ik een angststoornis had.

De volgende dag werd het hartfilmpje gemaakt en, zoals
verwacht, was er niets aan de hand met mijn hart. De huisarts
verwees mij door naar een psycholoog in het ziekenhuis en ik
kreeg medicatie om de aanvallen in de hand te houden.

De medicatie die voor angststoornissen gebruikt worden zijn,
meestal, antidepressiva. Het duurt ongeveer 6 weken voor
deze echt werken en dit waren de langste 6 weken van mijn
leven. Heel langzaamaan begon ik te merken dat de scherpe
randjes van de aanvallen er vanaf gingen. En het duurde nog
veel langer voor ik weer enigszins normaal kon functioneren.

4 Wat er aan vooraf ging.

Mijn jeugd

Ik denk dat ik al met een te dun huidje ben geboren. Niet alleen figuurlijk, maar ook letterlijk. Ik ben één van die zeldzame roodharige mensen, die met een dunne, lichte huid is geboren. In de tijd dat ik opgroeide was er nog niets bekend over de gevaren van de zon en dus ben ik tientallen malen verbrand. Nu weten we dat dit verbranden een aanleiding kan zijn voor huidkanker.

Aan de andere kant heb ik ook een dun huidje als het gaat om indrukken van buitenaf. Mijn moeder zei altijd dat ik zo intens leefde. Ik had vaak nachtmerries, vanwege indrukken die ik overdag had opgedaan. Maar ik was ook heel gevoelig voor de stemming van andere mensen. Ik kan me niet anders herinneren dat ik altijd probeerde om iedereen tevreden te houden, want boosheid of agressie daar kon ik echt niet mee omgaan.

Toen ik naar de lagere school ging kwam ik bij de schoolarts terecht. Deze stelde vast dat ik aan een oor doof ben. Ik moest naar de specialist in het ziekenhuis. Tot op de dag van vandaag kan ik deze man nog voor mij zien. Hij schreeuwde tegen me, terwijl mijn goede oor door middel van een koptelefoon was uitgeschakeld voor ieder geluid. Ik begreep niet waarom deze man, met een rood hoofd, tegen mij schreeuwde. Ik kon hem echt niet horen en ik dacht dat hij daarom kwaad op mij was. Het was natuurlijk al langer een probleem geweest dat ik niet altijd alles hoorde. Mijn ouders dachten vaak dat ik gewoon niet wilde horen wat zij zeiden, dus had ik die ervaring al. Maar voor een gevoelig jong kind als ik was deze schreeuwende specialist de druppel.

Ik ben in de 60-er jaren geboren en kreeg de toen normale normen en waarden bijgebracht. Zo sprak je nooit een volwassene tegen, stond je voor iedereen klaar als dat van jou verwacht werd, at je je bord leeg en deed je je best op school. Perfectie werd nagestreefd, dus moesten er goede cijfers gehaald worden.

Mijn lagere school was een meisjesschool. Toen ik naar de middelbare school ging, maakte de school een fout omdat ze dachten dat ik een jongen was (mijn broer heeft dezelfde voorletter) en plaatste mij in de brugklas met allemaal jongens. In die tijd werden roodharigen nog gepest, dus werd mijn eerste jaar een groot fiasco. Ik werd naar een lager niveau geplaatst en werd daar totaal niet uitgedaagd en slaagde zonder echt te hoeven leren.

Mijn puberjaren werden vooral gekenmerkt door veel problemen thuis. Ik voelde me al zo lang onbegrepen dat ik niet meer mijn best ging doen om begrepen te worden. Opstandig, vervelend en eigengereid waren denk ik de woorden die mij het best omschreven op die leeftijd. Mijn vader was in die tijd niet veel thuis, maar ik weet zeker dat ik mijn moeder de nodige grijze haren heb bezorgd. Ik zorgde er ook voor om een vervolgopleiding uit te zoeken die ver genoeg weg was van mijn geboorteplaats. Zo kon ik mijn ouderlijk huis verlaten en mijn eigen leven beginnen.

Jong volwassen leeftijd

Tijdens het tweede jaar van mijn opleiding voor psychiatrisch verpleegkundige ontmoette ik mijn, nu ex-, man. Tot grote ontsteltenis van mijn ouders werd ik al snel zwanger. Het was een zware tijd want ik was zo jong en werd al moeder. In de 5de maand van mijn zwangerschap ging er van alles mis en ik belandde voor de laatste maanden in het ziekenhuis. Gelukkig liep het allemaal goed af en kreeg ik een geweldige dochter. Omdat ik tijdens mijn zwangerschap trombose had werd ik afgekeurd voor de verpleging en had nog een lange tijd nodig om fysiek weer de oude te worden. Ruim een jaar later kreeg ik, zonder al te veel problemen, een zoon. Ik was toen 23 en had al twee kinderen.

De eerste jaren waren erg gelukkig. De kinderen deden het goed en waren lieve, ondernemende kinderen. Tot mijn zoon ineens ziek werd. Hij had dagenlang hoge koorts en de huisarts oordeelde dat hij de 5^e kinderziekte had. Maar de koorts wou niet verdwijnen, mijn zoon kreeg opgezette gewrichten en rode vlekjes over zijn ledematen. Mijn zoon was ondertussen veel afgevallen en ik vertrouwde het niet. Dus gingen we in het weekend naar een dienstdoende huisarts. Deze huisarts dacht ook dat het gewoon een griepje was en wilde ons met wat medicijnen naar huis sturen. Maar op dat moment knapte er wat bij mij. Het gevoel dat er echt iets niet in orde was, was zo sterk, dat ik de huisarts zei dat ik eiste om naar het ziekenhuis doorverwezen te worden. De huisarts belde het ziekenhuis en vertelde zijn bevindingen over de toestand van mijn zoon. We reden naar het ziekenhuis en bij binnenkomst stond er een kinderarts op ons te wachten. Daarna ging het razendsnel. De arts nam onze zoon over, onderzocht hem en deed een ruggenmergpunctie. Binnen een uur lag mijn zoon in een steriele kamer aan het infuus. Hij had een hersenvlies ontsteking.

De weken daarna werd het ziekenhuis ons thuis. Onze zoon vocht voor zijn leven en won het gevecht. Hij had daarna wel ernstige problemen, zoals, fors verlies van kracht in zijn been, hij werd steeds ziek en kreeg dan altijd hoge koorts, kreeg allerlei voedingsallergieën en had moeite met zijn geheugen. Hij was op dat moment 3 jaar oud en ik ben de jaren daarna thuis gebleven om voor hem te zorgen. Mijn man was verpleegkundige en had geen enorm salaris en ik probeerde door andere kinderen thuis op te vangen bij te dragen aan het inkomen van ons gezin.

Toen mijn zoon naar school ging bleef ik thuis, omdat hij nog vaak ziek was. Ik pakte de ene studie na de andere op om, zodra het kon, weer aan het werk te gaan. Ik deed in twee jaar de MEAO in de avonduren, volgde een thuiscursus directie-assistente en haalde mijn typediploma. Ondertussen deed ik thuiswerk en ving ik kinderen op.

Nog in deze periode verloor ik mijn beste vriendin aan kanker. Ze was pas 34 jaar oud en de klap kwam ik maar moeilijk te boven. Het voelde zo oneerlijk, zo wrang dat iemand die nog zo jong was werd weggenomen uit het leven.

De jaren hierna werkte ik hard om weer aan de slag te kunnen. Ik kreeg een baan in een verlichtingszaak en een als secretaresse. Daarnaast gaf ik training in volleybal en zat ik in allerlei commissies bij de scholen en sportverenigingen van mijn kinderen. Het leven ging door en ik hield mezelf bezig.

De kinderen werden ouder en gingen naar de middelbare school. We kochten een huis en verhuisden. En zonder dat ik het in de gaten had dreef mijn man steeds verder van mij af. Op een gegeven moment kreeg ik het gevoel dat er iets mis was. Ik besprak dit met mijn man, die mij verzekerde dat er niets was. Toch wist ik, net als toen mijn zoon ziek was, dat er iets echt goed mis was. Onze relatie werd steeds slechter en ik voelde me ronduit ongelukkig. Op een gegeven moment kwam ik, door stom toeval, er achter dat mijn man vreemd ging. Op dat moment kreeg ik voor het eerst iets wat vaag leek op een paniekaanval. Ik verloor volledig de controle over mijn lichaam, trilde, zweette en had hartkloppingen. Ik sliep dagen niet, wist niet waar ik met mezelf heen moest en besloot naar mijn ouders te vertrekken. Eenmaal onderweg belde mijn man me dat ik terug moest komen om er over te praten. Ik draaide om, we praatten en besloten in relatietherapie te gaan.

We gingen naar een psycholoog, maar hadden maar een gesprek samen. Daarna wilde mijn man alleen naar die psycholoog. Hij ging ook nog een weekend naar zijn vader om met hem te praten over de situatie. Weer voelde ik dat er iets mis was en weer vertelde mijn man dat er niets aan de hand was. We kregen van mijn ouders geld om een weekend weg te gaan en gingen naar een hotel in het zuiden des lands.
Ik twijfelde zo aan mezelf, aan mijn eigen gevoel dat er iets mis was. Ik oordeelde dat ik niet meer op mijn gevoel kon vertrouwen, want mijn man zei dat er niets aan de hand was. Op de een of andere manier vertrouwde ik hem nog steeds. Ik kon me ook niet voorstellen dat iemand die zo dicht bij je staat je zo kan belazeren. Ik had het mis. Toen zijn vriendin mij begon lastig te vallen begreep ik dat hij al die tijd gewoon door was gegaan met vreemd gaan.

Hoewel we daarna nog jaren samen zijn geweest en we nu nog steeds vrienden zijn, heeft wat er gebeurd is zijn littekens bij mij achter gelaten. Als iemand die je blindelings zou moeten kunnen vertrouwen zoiets kan doen, wie kan je dan nog vertrouwen?

In het jaar daarna verloor ik bijna mijn baan als secretaresse, dus besloot ik een nieuwe studie op te pakken. Ik ging een opleiding voor natuurgeneeskundig therapeut op te pakken. Tijdens deze opleiding verloor ik alsnog mijn baan en kreeg ik te horen dat ik niet meer mocht sporten, omdat mijn knie versleten is. Als klap op de vuurpijl kreeg ik in het 5^e jaar van mijn studie ook nog eens te horen dat ik kanker had.

Als ik terug kijk op mijn leven besef ik me mijn opvoeding voor een deel ertoe heeft geleid dat ik slecht mijn grenzen aan kan geven. De traumatische ervaringen hebben ertoe geleid dat ik het vertrouwen in mijzelf, mijn lichaam en mijn omgeving ben verloren. De langdurige stress van de drukte van mijn leven en mijn opleiding hebben me uitgeput. Dit alles samen met mijn karakter was de optelsom die uit kon lopen op een angststoornis.

5 Mijn leven met een angststoornis.

Hoewel ik in augustus 2012 mijn eerste angstaanval had, duurde het nog tot half 2013 voor ik de diagnose van een gegeneraliseerde angststoornis kreeg. Ik ging de therapie aan zoals ik alles in mijn leven aan ga, ik ging er vol in, want ik wilde van dit nare gevoel af.

Ik dwong mezelf om netjes naar de afspraken te gaan, want ik kon nog amper naar buiten. Tijdens de therapie kon ik de psycholoog niet aan kijken of moest ik rond lopen omdat ik anders niet eens kon praten. Toch bleef ik er vertrouwen in houden dat het beter zou worden als ik maar volhield, maar het werd steeds erger. Op dat moment schakelde de psycholoog een psychiater in. Mijn medicatie werd verdubbeld en er werd mij duidelijk verteld dat ik mijn denken moest gaan veranderen. Vechten was goed, maar ik moest er rekening mee gaan houden dat ik nooit meer van deze stoornis af zou komen.

Ik wou niet opgeven en bleef vechten. Ik probeerde steeds dingen op te pakken, naar buiten te gaan, op bezoek te gaan en maakte mijn studie (met enorm veel hulp van mijn beste vriendin) af. Maar mijn leven was een hel. Iedere keer als ik naar buiten ging had ik het idee dat ik, zodra ik over de drempel stapte, geen vaste grond meer onder mijn voeten had. Als ik boodschappen ging doen, kwam ik tot aan de ingang van de winkel, maar kon dan niet naar binnen. Als ik ergens op bezoek ging kreeg ik een angstaanval en moest ik weer vertrekken.

Natuurlijk is er in al die jaren therapie veel verbetering gekomen in mijn situatie, maar toch is mijn leven ingrijpend veranderd.

Maar hoe ziet een leven met een angststoornis eruit?
Zoals ik al eerder zei, zal dit voor ieder persoon anders zijn. Ik kan
alleen vertellen hoe het voor mij is.

<u>Hormonen</u>

Allereerst wil ik uitleggen dat ik geen angst voel. Mijn lichaam
reageert alsof er angst is, met alle symptomen die daarbij komen
kijken. Dit is een aspect wat ik vaak uit moet leggen aan mensen.
Door de naam "angststoornis" gaat de omgeving, heel logisch, er
vanuit dat ik ergens bang voor ben als ik een aanval krijg. Dit is niet
het geval. Alles kan een aanval in gang zetten; een geluid, een
geur, een kleur, de manier waarop iemand praat of zelfs hoe ik me
op dat moment voel.

Als mijn lichaam reageert alsof er angst is komen er een aantal
hormonen vrij in mijn lichaam. Adrenaline is de meest bekende
hiervan. Adrenaline zorgt ervoor dat je hartslag versnelt, je
bloeddruk verhoogd wordt, je ademhaling versnelt en je gaat
zweten. Maar door adrenaline ga je ook de omgeving anders
beleven, het lijkt alsof dingen trager gaan.
Noradrenaline komt ook vrij in je lichaam bij angst en stress. Dit
hormoon zorgt ervoor dat je spieren sneller bloed krijgen door de
bloedvaten te vernauwen. Door dit effect kun je koude handen
krijgen, maar wordt ook de spijsvertering vertraagd. Naast deze
twee hormonen komt ook Cortisol vrij bij angst. Dit hormoon zorgt
ervoor dat het lichaam energie vrijmaakt voor actie.

Al deze reacties komen bij mij voor terwijl er helemaal geen
aanleiding voor is. Ineens voel ik me zo en mijn lichaam maakt
deze stoffen vrij, waardoor ik me 'raar' ga voelen en mijn omgeving
anders ga ervaren.

Omdat er geen aanleiding is voor de reacties van mijn lichaam, is er ook geen aanleiding om de 'tegenreactie', dus het normaliseren van deze reactie, in gang te zetten. Hierdoor kan een aanval uren, maar ook dagen, aanhouden.

Prikkels

Ons leven bestaat uit prikkels vanuit de omgeving en hoe wij die verwerken. Iemand die migraine heeft kan tijdens een migraine aanval slecht tegen harde geluiden en licht. Degene die aan migraine lijdt zal daarom ook het liefst in een rustige, donkere kamer gaan liggen. Sinds ik een angststoornis heb, kan ik prikkels maar moeilijk verwerken. Dit komt omdat de prikkels veel heftiger binnenkomen dan daarvoor. Iedereen heeft wel eens bij een luidspreker gestaan en het geluid in zijn hele lijf gevoeld. Ik hoef hiervoor niet voor een luidspreker te staan. Ieder hard geluid komt voor mij op die manier binnen.

Maar dan zijn er ook specifieke geluiden, zoals, bijvoorbeeld, wanneer iemand boos is. Iemand die boos is praat anders dan wanneer hij of zij gewoon praat. Ik was altijd al gevoelig voor de sfeer in mijn omgeving, maar nu ben ik daar nog veel gevoeliger voor.

Na mijn scheiding nam ik onze hond mee en mijn ex onze katten. Onze hond was al oud en we liepen meestal kleine stukken. Ik was verhuisd, dus kende ik weinig mensen, en kon in mijn nieuwe omgeving heerlijk met haar lopen. Maar onvermijdelijk kwam de dag dat deze hond haar laatste dag mee maakte en ik afscheid van haar moest nemen. In de weken erna kwam ik er achter dat ik haar al die tijd nodig had gehad om naar buiten te kunnen. Zonder haar werd het weer onmogelijk voor mij om naar buiten te gaan. Ik besefte me hoe belangrijk het voor mij is om iemand, of een hond, bij mij te hebben om me goed te voelen buitenshuis.

Nu is het ook binnenshuis vaak moeilijk. Ik moet me voor kunnen bereiden op bezoek. Dit klinkt raar, maar in de beginperiode konden zelfs mijn kinderen niet onaangekondigd binnen komen zonder dat ik een aanval kreeg. Alles wat onverwacht is, kan een aanval uitlokken. Ik herinner me een specifiek voorval waarbij mijn dochter met haar vriend langskwam en ik me zo naar ging voelen dat ik naar mijn slaapkamer moest vluchten om rustiger te kunnen worden. Je voelt je zo naar en schuldig, maar je kunt niet anders dan je terug trekken.

In mijn eigen omgeving kan ik de prikkels zelf onder controle houden. Ik heb nauwelijks muziek aan, krijg weinig (onverwacht) bezoek en kan het licht en de geuren in huis zelf bepalen. Als ik naar buiten ga is dat anders. Mijn bezoeken aan de psycholoog en psychiater waren een bezoeking. Ik moest met de bus naar de afspraken. Vaak waren die   's ochtends en dan zaten de bussen vol met jongeren die naar school moesten. Iedere keer weer moest ik mezelf dwingen om in te stappen en, vooral, om te blijven zitten tot ik op mijn bestemming aan kwam. Het leek vaak alsof de reis uren duurde en ik was de hele tijd bezig om de reacties van mijn lichaam te onderdrukken.

Je weet dat je niet bang hoeft te zijn, je weet dat de reacties van je lichaam weer over gaan, je weet dat je geen hartinfarct krijgt, maar je hebt er geen controle over. Het is dodelijk vermoeiend om het door te maken, maar je moet, want je wilt beter worden.

Concentratieproblemen

Nu denken de meeste mensen dat een angststoornis iets is wat uit 'aanvallen' bestaat. Dit is niet zo, het is altijd aanwezig. Vanaf het moment dat ik deze aandoening kreeg heb ik dagelijks last van de prikkels die te heftig bij mij binnenkomen. Ik kan er weliswaar beter mee om gaan en ik slik medicatie om het draaglijk te maken, maar het is 24 uur per dag iets waar ik tegen moet vechten. De 'aanvallen' zijn wel extremer en niet te controleren, maar het dagelijks leven is iedere dag een worsteling.

Ik moest mijn leven gaan structureren. Als ik dit niet deed vergat ik alles. Ik kon me niet meer concentreren want ik was bezig mijn reacties te contoleren. Het is alsof je iedere keer een duwtje krijgt terwijl je probeert een rechte lijn te tekenen.
Tegenwoordig heb ik altijd een agenda bij me, gewoon zodat ik niets meer vergeet.

De concentratie problemen zie je ook terug tijdens gesprekken. Als ik in een ruimte ben met meerdere mensen is het moeilijk om een gesprek te volgen. Soms is het ook moeilijk om zelf een verhaal te vertellen, ik raak vaak de 'draad' van mijn verhaal kwijt als er te veel prikkels om mij heen zijn.

Als ik alleen thuis ben en er geen prikkels zijn heb ik geen problemen met mijn concentratie. Ik kan uren tekenen en de wereld om me heen vergeten. Maar een hard geluid, iemand aan de deur of een andere prikkel en de concentratie is weer weg. Het is, en blijft, een wankel evenwicht.

<u>Spierspanning</u>

Mensen met een angststoornis hebben een, continue, verhoogde spierspanning. Ik ben daar geen uitzondering op. Ik voel altijd een stijfheid in mijn lichaam door deze spierspanning.

In periodes waarin ik meer stress ervaar heb ik daardoor veel spierpijn. Vaak ik mijn nek, schouders en rug, maar ook in mijn bovenbenen en kaken. Ik probeer die dagen meer te bewegen, zodat mijn spieren zich meer gaan ontspannen.

Ik was altijd al iemand die bij stress mijn kaken op elkaar klemde. Door deze eigenschap had ik al een aantal kronen, gewoon omdat ik mijn eigen kiezen kapot beet. Sinds mijn angststoornis is dit veel erger geworden, waardoor ik de kronen uit mijn mond heb 'gebeten'. Ik heb mijn tandarts veel vaker gezien dan mij lief is.

Natuurlijk zou een massage goed zijn voor iemand zoals ik, maar door mijn stoornis kan ik er niet tegen als een vreemde mij aanraakt. Ik was sowieso niet iemand die makkelijk een ander aanraakt of het fijn vind om aangeraakt te worden door mensen die ik niet goed ken. Sinds ik aan deze stoornis lijd heb ik, behalve bij mijn kinderen en kleinkinderen, moeite als mensen mij aanraken. Zelfs bij mensen die ik goed ken.

<u>Rusteloosheid</u>

Rusteloosheid is een van de symptomen van een angststoornis. In het geval van een aanval is dit symptoom nuttig, omdat je hartslag hoog is en je door te bewegen je aanpast aan die hoge hartslag. Als je daarna weer tot rust komt, kan ook je hartslag gaan dalen.

Als er geen aanval is, dan is deze rusteloosheid uitputtend. Het veroorzaakt ook de slaapproblemen en de vermoeidheid die bij deze stoornis voorkomen.

<u>Alcoholisme en Suïcide</u>

Alcohol werkt prikkel verlagend. Voor iemand met een angststoornis is het fijn om even wat minder prikkels te voelen. Een paar drankjes en je kunt je wat meer ontspannen. Daarom is alcoholisme een gevaar wat op de loer ligt als je alcohol als 'medicatie' gaat gebruiken.

Suïcide komt vaker voor bij mensen met een angststoornis. Je vecht iedere dag tegen iets waar je geen controle over hebt. Vrienden verdwijnen langzamerhand omdat je niet meer sociaal actief bent. Je kunt daardoor ook geen nieuwe contacten leggen. Je kunt niet naar een feestje, niet uit eten, niet naar een uitvoering of wedstrijd van je kinderen of kleinkinderen. Een concert, uit dansen, sporten, zwemmen, op vakantie; het is allemaal onmogelijk door je stoornis.

Dit klinkt misschien nogal theatraal, maar voor iemand met een angststoornis is dit de realiteit. En hoewel ik nooit suïcidaal ben geweest, kan ik me heel goed indenken dat iemand geen uitweg meer ziet en het leven zo te zwaar vindt om te dragen.

6 Onbegrip vanuit de omgeving.

Ik vertel nooit meteen aan mensen dat ik een angststoornis heb.
Als ik het toch vertel dan doe ik dat zodat mensen weten dat het
niet aan hen ligt als ik geen gesprek met ze kan voeren, maar dat
het komt omdat ik het op dat moment niet aan kan.

Ik snap dat mensen zich niet voor kunnen stellen wat het is om een
angststoornis te hebben. Het is ongrijpbaar, omdat het op ieder
moment kan voorkomen. Daarnaast kun je het niet zien, dus kun je
het niet zien aankomen. Vaak willen mensen je helpen, maar juist
daardoor wordt de druk op mij vergroot. Ik heb dan het gevoel dat
ik niet in mijn eigen tempo kan herstellen. Daarnaast wil ik de ander
niet teleurstellen.

De eerste keer dat ik tegen onbegrip aanliep was toen ik naar een
arts van het UWV toe moest. Deze arts was een moeder van een
meisje wat ik training had gegeven, dus zij kende mij vanuit het
volleybal. De arts vroeg mij hoe het kon dat ik, het sociale beest
wat ik altijd was geweest, een angststoornis kon krijgen. Ze zei dat
ik altijd in een zaal vol kinderen stond, met ouders op de tribunes
en gewoon mijn ding deed zonder me iets aan te trekken van alle
drukte om me heen. Dus hoe was dit nou mogelijk. Ik heb dat hele
gesprek verder niets meer kunnen zeggen en moest naar mijn
voeten kijken, zo naar voelde ik me. Ik voelde me zo onbegrepen,
maar was ook zo hard met mijn neus op de feiten gedrukt dat ik
huilend naar huis ben gegaan.
Ook heb ik meer dan eens te horen gekregen dat iemand "mij er
wel doorheen zou helpen". Voor mij geeft dat aan dat diegene mijn
stoornis niet serieus neemt en denkt dat het makkelijk op te lossen
is. Dit is dus niet de manier om iemand met een angststoornis te
benaderen.

Twee vriendinnen en een buurman vroegen mij om een keer mee
te gaan naar een bezienswaardigheid in Groningen. Daarna wilden
ze me meenemen naar de Chinees. We zouden vroeg gaan eten,
zodat het voor mij nog te doen zou zijn. De afspraak was dat ik aan
zou geven wanneer het teveel werd en we dan naar huis zouden
gaan. Door deze afspraak zei ik ja en was blij dat ik even iets
anders zou doen als thuiszitten. We bekeken de
bezienswaardigheid, een vesting in een Gronings dorp en om 4 uur
zaten we bij de Chinees.

We waren de enige mensen in het restaurant en ik voelde me
goed. We aten lekker en tegen het einde van ons eten werd het
drukker in het restaurant. Een bekende van de buurman kwam naar
ons toe en begon een heel gesprek en ik begon me steeds slechter
te voelen. Maar ik wou geen spelbreker zijn, dus zei ik nog niets.
We dronken nog koffie en thee en ondertussen zat de Chinees vol.
Toen de ober kwam vragen of we nog iets wilden zei ik dat ik nu
toch wel graag naar huis wilde. Mijn vriendinnen zeiden dat het net
zo gezellig was en ze graag nog iets wilden drinken.

Ik hield het nog een paar minuten vol, maar daarna moest ik echt
naar buiten. Ik heb op de parkeerplaats van de Chinees
rondgelopen terwijl ik wachtte tot zij klaar waren. Ik ben daarna
nooit meer mee geweest, maar ze hebben me ook nooit meer
meegevraagd. Voor mij was het vertrouwen weg, waardoor ik me
niet meer veilig voelde. Voor hen was ik de spelbreker, wat ik wel
kan begrijpen.

Twee jaar geleden had ik een hond, Abby, die ernstig ziek was. Ze moest twee keer per dag een infuus krijgen om haar nieren te spoelen en een vriendin kwam bij mij logeren om me daarmee te helpen. Abby was mijn alles, ze was mijn hulp als ik naar buiten ging, ging mee boodschappen doen en mocht zelfs de plaatselijke winkel in als ik een slechte dag had.

Ik was dus niet echt op mijn best die dagen. Ik had mijn vriendin uitgelegd dat mijn huis mijn enige veilige plek was en zij daar rekening mee moest houden. Op een avond ging ze nog even naar een van mijn buren om een sigaret te roken, maar liet mijn achterdeur en schuttingdeur open. Daardoor kreeg ik een aanval, omdat mijn veilige plek ineens niet meer veilig aanvoelde. Ik weet het, het komt heel nauw, maar dat was voor mij een reden om haar weer naar huis te sturen.

Dit zijn slechts twee kleine voorbeelden van onbegrip vanuit je omgeving als je een angststoornis hebt. Maar hoe kan iemand wel omgaan met een persoon die een angststoornis heeft? En, belangrijker nog, wat kun je zelf doen om de omgang met jou, als persoon met een angststoornis, makkelijker te maken?

7 Wat kun je zelf doen om de omgang met je omgeving makkelijker te maken?

Ik denk dat het belangrijkste is dat je positief blijft. Denk aan de dingen die je nog wel kunt en niet aan de dingen die je niet kunt. Je wordt vaak genoeg geconfronteerd met de dingen die je niet kunt, dus blijf daar niet bij stil staan, maar concentreer je op dingen die je leuk vindt om te doen. Op die manier verbetert de kwaliteit van je leven.

Geef aan wat jou helpt en wat niet helpt.

Vertel zoveel mogelijk aan mensen met wie je vaker contact hebt wat jij fijn vindt en wat niet. Besef je wel dat het voor de ander een moeilijk te begrijpen stoornis is, waardoor zij niet weten hoe ze met je om moeten gaan. Waarschijnlijk waarderen ze het als jij hen vertelt wat jij als prettig ervaart en wat niet. Een voorbeeld kan zijn om ze te vragen vooraf te bellen als ze langs willen komen of om de muziek zacht (of uit te zetten) als jij bij hen op visite gaat.

Om begrip te krijgen vanuit je omgeving zul jij ook een inspanning moeten doen. Dus leg uit waarom jij iets vervelend vindt, zoals gevoelig zijn voor harde geluiden of grote groepen mensen. Leg ook uit dat jij (misschien) ook niet weet waardoor je een aanval krijgt en wat zij dan kunnen doen om dit voor jou makkelijker te maken. Voor de een zal dat zijn dat zij zich even terug kunnen trekken, voor de ander is juist afleiding fijn. Voor mij is het rust en beweging. Ik ga het liefst alleen met mijn honden wandelen om weer enigszins tot rust te komen.

Geef heel duidelijk je grenzen aan

Je bent bij iemand op visite geweest, de muziek was uit en je voelt
je goed. Je ontspant, want dit vindt je fijn. Gezellig kletsen met twee
vrienden! Dan komt de buurman binnenvallen en hij schuift aan. Je
voelt je even ongemakkelijk, maar daarna gaat het wel. Je gaat
naar huis en bent heel trots op jezelf, want dit ging zomaar goed.

De volgende keer dat je bij die vrienden komt staat de muziek aan
en zitten er vrienden van jouw vrienden aan de tafel als je
binnenkomt. Je voelt je meteen 'naar'. Het gaat niet, je kunt niet
blijven en dus vertrek je weer. Je vrienden bellen je later en
zeggen; "maar de vorige keer ging het toch ook goed?"
Heel begrijpelijk, maar voor jou is het afhankelijk van zoveel
factoren of het goed gaat of niet. Wat de reden ook is, leg uit dat jij
jouw eigen tempo moet bepalen, dus dat jij de grens aan moet
kunnen geven wat wel en niet kan.

Geef alternatieven

Je familie of vrienden nodigen je uit voor een verjaardag. Voor jou
betekent dit dat je met veel mensen, in een beperkte ruimte,
geconfronteerd gaat worden. Gezellig natuurlijk, totdat het dat voor
jou niet meer is. Probeer dan een alternatief voor te stellen, zodat
het geen extra last voor hen wordt, maar voor jou te doen is. Zo
kun je vragen of je misschien een half uurtje voor de afgesproken
tijd mag komen. Hierdoor kun je even rustig aan de omgeving
wennen, maar kun je ook bepalen hoe druk het wordt voordat je het
niet meer aankunt.
Voor vrijwel iedere situatie is een alternatief te bedenken. Op die
manier verval je ook niet in een isolement en kun je zelf aanvoelen
wat je aankunt en wanneer het teveel wordt. Je kunt toch leuke
dingen doen en je omgeving wil graag gehoor geven aan jouw
wensen. Zij zien jou ook graag en jij hoeft geen 'nee' te zeggen op
hun uitnodiging.

8 Omgaan met iemand met een angststoornis

Voor degene die de angststoornis heeft is het een dagelijks gevecht, tegen iets waar diegene geen controle over heeft. Voor degene die met iemand die een angststoornis omgaat moet het frustrerend zijn dat er niets is wat je voor diegene kunt doen om het beter te maken.

Je kunt misschien niets doen om de angststoornis te genezen, maar je kunt het wel makkelijker voor iemand maken om met jou om te gaan.

Vraag en luister

Vraag alles wat je wilt vragen over de angststoornis. Probeer je in te leven in wat diegene doormaakt door te luisteren. Dit klinkt heel eenvoudig, maar dat is het niet.

Voor mijzelf kan praten over de angststoornis en de gevoelens die daarbij vrij komen een aanval veroorzaken. Het is confronterend voor mij, het drukt mij met mijn neus op het feit dat ik zoveel niet meer kan. Maar zelfs dan nog voel ik wel dat degene, die mij dit vraagt, daadwerkelijk interesse heeft en het geduld op wil brengen om mijn situatie te snappen. Dat is al heel veel waard!

Luister echt!

Niets is zo frustrerend voor iemand, niet alleen voor iemand met een angststoornis, om iets keer op keer uit te moeten leggen.

Begrip

Het is moeilijk om te luisteren zonder meteen te denken aan oplossingen. Het is veel belangrijker om begrip te krijgen voor wat iemand doormaakt.

Specialisten, zoals psychologen en psychiaters, zijn er om te helpen, jij, als omgeving, bent er voor steun! Steun is belangrijker dan iedere specialist, begrijp dit goed.

Toen ik begon met oppassen op mijn middelste kleinkind had ik moeite met het feit dat dit bij mijn dochter thuis gebeurde. Ik was uit mijn veilige omgeving weg en werd geconfronteerd met andere geluiden en andere mensen. Mijn dochter, die mij aanvoelt als geen ander, had de gordijnen aan de voorkant van haar huis dicht gelaten. Zij wist dat ik moest wennen en maakte het, ongevraagd, makkelijker voor mij door dat deel van de prikkels op die manier uit te schakelen. Dit is een vorm waarop steun duidelijk wordt. Mijn dochter heeft echt geluisterd, begrip gekregen voor mijn situatie, en ervoor gezorgd dat het voor mij makkelijker werd.

Onderschat niet

Voor iemand met een angststoornis is het leven een dagelijkse worsteling. Het is frustrerend dat je niet de dingen kunt doen die je graag zou willen doen. Maar het kan ook daadwerkelijk gevaarlijk zijn. Zoals ik al eerder schreef, komen alcoholisme en suïcide vaak voor bij mensen met een angststoornis. Ook de lichamelijke symptomen, zoals o.a. de zeer hoge hartslag, voor een langere tijd, kunnen tot fysieke klachten leiden. Daarnaast kunt u zich voorstellen dat autorijden, maar zelfs ook fietsen, gevaarlijk kan zijn tijdens een aanval.

Het is belangrijk om de situatie niet te overdrijven, maar ook om de situatie niet te onderschatten. Helpen is goed, maar het is niet nodig om dingen te doen die de persoon zelf kan doen.

Aanpassen

Toen de "intelligente lockdown" van kracht werd door het Coronavirus kreeg iedereen even de ervaring van hoe het kan zijn om te leven met een angststoornis. Opgesloten in je huis, alleen boodschappen kunnen doen en dan alleen maar als het niet druk is. Afstand houden van iedereen. Dat is mijn normale leven en het normale leven van veel mensen met een angststoornis.

Iedereen moest zich aanpassen aan de situatie en zo is het ook voor iemand met een angststoornis. Ineens wordt je wereld heel anders.

Aanpassen aan iemand met een angststoornis is moeilijk, ik begrijp dat en ik denk dat iedereen met een angststoornis dit begrijpt. Maar, niemand vraagt van u om een compleet ander leven te gaan leiden.

Kleine aanpassingen, zoals mee gaan met boodschappen doen, auto rijden als de ander zich niet goed voelt of een etentje thuis regelen met mensen die vertrouwd zijn kan een enorm verschil maken. Leef je leven, maar probeer tijd vrij te maken voor degene met de angststoornis…dat is voldoende.

9 Nawoord

Een angststoornis is moeilijk te omschrijven, maar nog moeilijker te begrijpen. Ik hoop dat met door mijn verhaal te delen ik mensen met een angststoornis een gevoel heb gegeven dat zij niet alleen zijn in hun dagelijkse strijd. Als ik daarnaast wat handvatten heb kunnen geven aan iemand, die met een persoon omgaat die een angststoornis heeft, dan kan ik alleen maar blij zijn.

Leven met een angststoornis voelt in het begin als een gevangenis waar je niet uit kan komen. Na een tijd van therapie en medicatie werd het beter. Ik ben een positief persoon en probeer niet stil te staan bij de dingen die ik niet meer kan, maar probeer met te focussen op de dingen die ik nog wel kan doen.

Ik heb jaren van therapie achter de rug. Ik heb cognitieve gedragstherapie, EMDR, medicatie en mindfulness gedaan. Alles heeft wel iets geholpen, maar zolang de oorzaak niet achterhaald kan worden zal mijn stoornis niet verholpen worden.

Mijn doorbraak kwam met behulp van het UWV. De medewerker, die bij mij thuis kwam, en de hulp die hij heeft ingezet, heeft mijn situatie zodanig verbeterd dat ik me weer nuttig voel.

Daarom wil ik dit boek besluiten met het advies voor mensen met een angststoornis om uit te vinden wat je wel kunt doen. Of dat nu een hobby is of werk, dat maakt niet uit. Alles wat ervoor zorgt dat je beter in je vel gaat zitten helpt!!

10 Dankwoord

Allereerst wil ik mijn gezin bedanken. Zij zijn mijn steun geweest tijdens het schrijven, maar vooral ook tijdens mijn moeilijke tijden met mijn angststoornis. Specifiek wil ik mijn ex-man bedanken, die het goed vond dat ik de moeilijke tijd in ons huwelijk in dit boek beschreef.

Verder wil ik mijn familie en specifiek mijn vader bedanken voor de steun die ik krijg bij het schrijven van mijn boeken.

Voor de begeleiding en steun die ik kreeg van Richard Boxem van het UWV en Henk Kremer van Fith kan ik niet dankbaar genoeg zijn. Zij hebben mij de kans gegeven om mijn droom, het schrijven van kinderboeken, te verwezenlijken. Hun steun, aanmoedigingen en adviezen zijn van onschatbare waarde geweest en hebben mij gebracht waar ik nu ben.

11 Bronnen

- www.hersenstichting.nl
- www.adfstichting.nl
- www.lentis.nl
- www.ggz.nl